DIE WELT UND ICH

Christian Morgenstern, 1910

DIE WELT UND ICH

Christian Morgensterns Leben

in seiner Dichtung

Mit Bildern von Quint Buchholz

Urachhaus

Diese Ausgabe mit Gedichten aus allen Phasen des Schaffens
Christian Morgensterns (1871–1914) entstand anlässlich des
150. Geburtstags des Dichters am 6. Mai 2021.
Die Gedichte dieses Bandes sind der neunbändigen Werkausgabe
Christian Morgenstern – Werke und Briefe. Stuttgarter Ausgabe
entnommen, erschienen im Verlag Urachhaus in den Jahren 1987
bis 2013. Die Rechtschreibung folgt dieser Ausgabe.
Die Bilder stammen von Quint Buchholz, das Nachwort verfasste
David Marc Hoffmann.

ISBN 978-3-8251-5279-6

Erschienen 2021 im Verlag Urachhaus
www.urachhaus.de

© 2021 Verlag Freies Geistesleben & Urachhaus GmbH, Stuttgart
Zusammenstellung der Gedichte: Diethild Plattner
Umschlagabbildung und Innenillustrationen: Quint Buchholz
Gestaltung: Katja Schüch, Kirchheim unter Teck
Gesamtherstellung: Westermann Druck, Zwickau

INHALT

Dichter und Welt 7
Vielfältiges Leben 21
Jahreszeiten 39
Liebe 53
Morgen und Abend: Stimmungen 69
Natur: Betrachtungen 81
Humoristisches 97
Gefundener Pfad 119

Nachwort von David Marc Hoffmann 137
Bildnachweis 143

DICHTER UND WELT

OHNE GEIGE

Ich möchte eine Geige haben,
so ganz für mich allein,
da spielt ich all meine Schmerzen
und all meine Lust hinein.

Denn ach, ihr lieben Leute,
ihr wißt nicht, was geigen heißt,
ihr habt wohl fleißige Finger,
doch nicht den heiligen Geist.

Ich höre die Welten singen,
wenn er mein Haupt durchweht –
doch ach, ich hab keine Geige,
ich bin nur ein armer Poet.

Ich und die Welt, 1898

O KUNST, du allerseligste Gewalt!
Gestaltend schrei ich über Ungestalt.

So wandeln mit entrücktem Sinn
Gesalbte über Wasser hin.

So schritten einst die Schöpfer der Welt,
die Götter, überm Wolkenzelt.

Bis ihnen Prometheus das Feuer stahl:
da schwindelte sie zum ersten Mal.

Da ahnten sie selbst ihr göttliches Spiel.
Der Maja Schleier fiel und fiel.

Nachlese zu: Ich und die Welt (1899)

SIEH, so bin ich: Wenn mich ein Reiz bewegt,
so wallt's nicht heiß, doch – plötzlich in mir auf;
kaum hemmt Beherrschung jäher Tränen Lauf,
bis sich der rasche Sturm auch rasch gelegt.

Und wie aus fliehenden Gluten zuckt
ein Blitz vom Blut herüber in den Geist,
der, wie er nun von Worten gärt und kreißt,
sein Siegel gleichsam auf die Stimmung drückt.

Nachlese zu: Ich und die Welt (1898)

NOMEN – OMEN?

Ward ich, Brüder, wohl geschaffen,
euch mit Licht zu kränzen,
eure Fahnen, eure Waffen
silbern zu beglänzen?

Ja, von jenem Frühgestirne,
das die Morgenwandrer kennen,
fühl ich mir in Herz und Hirne
einen Funken brennen.

In der Zeitnachtnebel Brauen
laßt mich euch vom Tage künden –
Seht, das ungeheure Grauen
will sich schon entzünden!

Nachlese zu: Ich und die Welt (1898)

AUF DEM MEERE MEINER SEELE

Auf dem Meere meiner Seele
fliehen lustig, weiße Segel,
meine hellen Schwangedanken,
vor dem Südwind meines Blutes.

Draußen hängt in grauen Fetzen
sommerlicher Dauerregen –
auf dem Meere meiner Seele
fliehen lustig weiße Segel.

Sonne lacht mit blauen Augen
auf die fröhliche Regatta; –
alle trüben Herzen möcht' ich
laden heut zum Segelfeste
auf dem Meere meiner Seele!

Nachlese zu: Ich und die Welt (1898)

AUF LEICHTEN FÜSSEN

So sein heitres Gleichgewicht
allem mitzuteilen,
in des Abends liebem Licht
leicht dahinzueilen –

Eine wilde Rose wo im
Vorübergehn zu küssen,
und dem stillen Walde so
sich gestehn zu müssen –

Wieder dann aus Luft und Licht
seidne Verse fangend,
nur sein heitres Gleichgewicht
auszuruhn verlangend –!

Ein Sommer, 1900

ICH BIN ein Rohr im Wind.
Bind dich nicht an mich.
Ich bin kein Halt für, Kind,
dein Boot und dich.

Ich bin ein Rohr im Wind,
der singt mit mir zusamm'
ein Lied vom fahrenden Stamm
des Söhn' wir sind.

In bin ein Rohr im Wind.
Bind nicht an mich dein Boot.
Es wär für dich, lieb Kind,
wie mich – der Tod.

Nachlese zu: Ein Sommer (1900)

WARTE, warte tiefgeduldig,
bis dir mehr Gewalt gegeben,
bist von früher her noch schuldig,
darfst noch nicht das Haupt erheben
als ein Schöpfer über vielen
und Gestalter ihrer Bahnen,
darfst nur erst noch Harfe spielen
und ein Reich der Zukunft ahnen.

Nachlese zu: Wir fanden einen Pfad (1914)

SCHENK, Muse, mir die rechte Kraft,
zu sagen, wie ich's denke,
damit das, was mein Geist erschafft,
auch andre Geister lenke.

Schenk, Höchster, mir den rechten Sinn,
daß wie ich denk' auch handle.
Ein Mann ein Wort, wo Form auch Sinn:
das sei's, wonach ich wandle.

Gedichte aus dem Nachlaß (vor 1894)

EIN DICHTER SPRICHT:

»Gaukler gibt es, welche Lampen
aus des Tingeltangels Rampen
in die Höhe werfen, und – –
plötzlich hält er sie im Mund
oder auf den Zehen oder
macht ein wirbelndes Geloder.

Einer solchen Lampe Schein
war für dieses Leben mein,
und ich schrieb bei ihrem ganz
unberechenbaren Tanz,
was ich schrieb. Du, Maler, male
mir auf meines Schädels Schale,
wenn ich einst gestorben bin,
eine solche Lampe hin!«

Gedichte aus dem Nachlaß (1906)

AN DES DICHTERS ANDERE HÄLFTE, DEN LESER

Wie wenn der Wind von fernen Dingen singt,
heut magst du ihn verstehn und morgen nicht,
so wehen unsre kargen Worte dir
des Lebens unbestimmten Duft hinüber.
Und heute schwillt dein Herz in Ahnung mit,
und unser Werk wird ihm von neuem Welt,
und morgen stehst du fremd und kalt vielleicht,
und vor dir liegt ein totes, stummes Lied.

Aus dem Nachlaß (1898)

VIELFÄLTIGES LEBEN

LEBENSLUFT

Freiheit!
Freiheit!
Nur keine Liebe,
die ich nicht will,
nur keine Vogelschlingen
mich Liebender,
nur kein Handauflegen
den leichten Flügeln
der Seele!
Denn alle Liebe
will besitzen,
und ich
w i l l nicht
besessen sein.

Ich und die Welt, 1898

STILLES REIFEN

Alles fügt sich und erfüllt sich,
mußt es nur erwarten können
und dem Werden deines Glückes
Jahr' und Felder reichlich gönnen.

Bis du eines Tages jenen
reifen Duft der Körner spürest
und dich aufmachst und die Ernte
in die tiefen Speicher führest.

Ich und die Welt, 1898

EINS UND ALLES

Meine Liebe ist groß
wie die weite Welt,
und nichts ist außer ihr,
wie die Sonne alles
erwärmt, erhellt,
so tut sie der Welt von mir.

Da ist kein Gras,
da ist kein Stein,
darin meine Liebe nicht wär,
da ist kein Lüftlein
noch Wässerlein,
darin sie nicht zög einher!

Da ist kein Tier
vom Mückchen an
bis zu uns Menschen empor,
darin mein Herze
nicht wohnen kann,
daran ich es nicht verlor!

Ich trage die Welt
in meinem Schoß,
ich bin ja selber die Welt,
ich wettre in Blitzen,
in Stürmen los
und bin der Gestirne Zelt!

Meine Liebe ist weit
wie die Seele mein,
alle Dinge ruhen in ihr,
das ganze Weltall
bin ich allein,
und nichts ist außer mir!

Ich und die Welt, 1898

ICH HEBE GERNE Blumen auf vom Boden,
die andre achtlos fortgeworfen haben,
und gebe ihnen, was man Blumen gibt.

So sterben sie, statt kalt im Kot begraben,
doch noch den süßesten von allen Toden:
den Tod bei einem Wesen, das sie liebt.

Ich und du, 1911

ICH LIEBE DICH, Du Seele, die da irrt
im Tal des Lebens nach dem rechten Glücke,
ich liebe dich, die manch ein Wahn verwirrt,
der manch ein Traum zerbrach in Staub und Stücke.

Ich liebe deine armen wunden Schwingen,
die ungestoßen in mir möchten wohnen;
ich möchte dich mit Güte ganz durchdringen;
ich möchte dich in allen Tiefen schonen.

Und aber ründet sich ein Kranz, 1902

UND SO HEBE DICH DENN ...

Und so hebe dich denn
aus den Nebeln des Grams
auf des Selbstvertrauens
mächtigen Fittichen
aufwärts,
bis du dir selber
mit all deinem Leide
klein wirst,
groß wirst
über dir selber
und all deinem Leide.

Ich und die Welt, 1898

FORM und Farbe wär es bloß,
die mir dieses Gras und Moos
also innig nahe brächte?
Nein, es sind die gleichen Mächte,
die auch mir Gestaltung geben,
ist das gleiche warme Leben.
Wie ein unermesslich Du
atmet mir der Waldgrund zu.
Seelenluft ist, wo ich schreite –
süß umfängt mich Nähe, Weite.
Ich und Du sind Eines nur:
Eine ewige Natur.

Gedichte aus dem Nachlaß (1905)

NÄCHTLICHE BAHNFAHRT IM WINTER

Wenn du so auf müder Nachtfahrt
durch die dunklen Lande eilest,
wird dir Manches Graun und Rätsel,
das du sonst zum Klaren teilest.

Kannst das Dunkel nicht zerspähen,
wirst ohn Ende fortgerissen –:
Hier ein Licht und dort ein Schatten
aus durchdröhnten Finsternissen.

Und du denkst, wie durch die weißen
Wälder frierend Rehe ziehen,
bis sie vor den Dörfern stehen
mit von Frost zerschundnen Knien.

Und du siehst die vielen Menschen
langgestreckt im Schlafe liegen,
und du siehst die große Erde
alles durch den Weltraum wiegen.

Du erschrickst –: Von lauter Stimme
hörst du einen Namen rufen – –
Ja, das ist das alte Städtchen
deiner ersten Werdestufen.

Und du denkst der lieben Gassen,
und du siehst dich selbst als Knaben …
Und schon liegt das Städtchen wieder
fern in Schlaf und Nacht begraben.

Und ein Schaudern und ein Wundern
läßt dein festes Herz erbeben,
und dich graut vor deiner Menschheit
unenträtselbarem Leben.

Ich und die Welt, 1898

O LASS MICH trauern, stille Stunde,
von deren Munde
dunkle Wehmut tönt.
Was ist das Leben?
All Nehmen, Geben!
Dahin – du wardst es kaum gewöhnt.

Sehnsüchtig breitest du die Arme,
die weite, warme
geliebte Welt noch einmal zu umfahn.
Was ist e i n Leben!
Was e i n Bestreben!
Umsonst – vom Ufer stößt der Kahn.

Nachlese zu: Ich und die Welt (1898)

SO STARK empfand ich's niemals noch denn eben,
als ich im Zug der Stadt entgegenfuhr,
wie wir kein einzig Ziel uns selber geben,
unfreie Kinder der Natur.

Ich hätte mich in diesen Zug gesetzt –
aus freiem Willen, Vorsatz und Entschluß?
Nein, wenn ich's nie gefühlt, ich fühlte jetzt:
Dies alles ist ein unergründlich Muß.

Wachstum ist alles, jeglicher Moment;
wir wolln nicht, handeln nicht, – wir wachsen, sprossen!
Und selbst der Augenblick, der dies erkennt,
ist mit in diesem Ring beschlossen.

Nachlese zu: Ich und die Welt (1898)

VOGELSCHAU

Begriffst du schon ein Wunder wie dies eine,
daß die Erde um die Sonne fliegt?
O Nacht, vor deinem Sternenscheine
liegt all mein Menschliches besiegt …

Ein riesenhafter Erdkloß kreist
unaufhörlich um ein großes Feuer:
Da gebiert die Scholle Geist –:
der Mensch wird, Zwerg und Ungeheuer, –

Und ruft, Ausschlag der Bodenrinde,
Erd und Himmel tönend an –
und spielt sein Spiel in Weib und Mann …
gleich einem ewigen Kinde …

Ja, Kinder-Spiel ist, was da ist,
das sagt dir jede stille Nacht,
und nur dein tiefes Kind-Sein macht,
daß du noch weiter fröhlich bist.

Ein Sommer, 1900

OFT, WIE OFT, wenn ich erwache,
tagt für mich ein neues Sein;
spät erst stellt das tausendfache
Bild der Welt sich wieder ein.

Traumhaft aus Vergangenheiten
blickt mich an ein Irgendwer …
und mich deucht oft, Ewigkeiten
trennten mich vom Tag vorher.

Nachlese zu: Und aber ründet sich ein Kranz (1900)

GLÜCK ist wie Blütenduft,
der dir vorüberfliegt ...
Du ahnest dunkel Ungeheures,
dem keine Worte dienen –
schließest die Augen,
wirfst das Haupt zurück – –
und ach!
vorüber ist's.

Nachlese zu: Und aber ründet sich ein Kranz (1901)

WARUM das Leben hassen,
wenn es dir feindlich droht?
Warum vom Mute lassen
und denken an den Tod?

Ein frisches, freies Wagen
geziemt dem Mann der Kraft,
nicht klagen, nicht verzagen –
ein Mut, der Welten schafft.

Ein Geist, der Bahn sich ringet
durch Erdenleid und Neid,
ein Geist, der Geister zwinget –
selbst Unbezwinglichkeit.

Ein ernstes hohes Streben
nach Wahrheit und nach Licht,
das sei des Menschen Leben,
das sei des Menschen Pflicht!

Aus dem Nachlaß (undatiert, aus: Gedichte meiner Jugend)

VORFRÜHLING

Vorfrühling seufzt in weiter Nacht,
daß mir das Herze brechen will;
die Lande ruhn so menschenstill,
nur ich bin aufgewacht.

Oh horch, nun bricht des Eises Wall
auf allen Strömen, allen Seen;
mir ist, ich müßte mit vergehn
und, Woge, wieder auferstehn
zu neuem Klippenfall.

Die Lande ruhn so menschenstill;
nur hier und dort ist wer erwacht,
und seine Seele weint und lacht,
wie es der Tauwind will.

Ich und die Welt, 1898

DU DUNKLER FRÜHLINGSGARTEN ...

Du dunkler Frühlingsgarten,
durch den ich wandre jede Nacht,
all deine Knospen warten
auf ihre junge Pracht.

Wie liegst du schwarz und schweigend nun
und doch so sonnenbang und -toll!
Schon geht der Mond, im See zu ruhn,
b a l d ist die Stunde voll.

Ich und die Welt, 1898

LIED

Wenn so der erste feine Staub
des Sommers auf die Blätter fällt –
dann ade, du Frühlingswelt!
Dann ade, du junges Laub! –
Ach, wie sterben die Frühlinge schnelle!

Wenn erst das Auge sich versöhnt
mit all dem Grün und Weiß und Rot,
da beginnt des Frühlings Tod,
da versommern wir verwöhnt …
Ach, wie sterben die Frühlinge schnelle!

Und dann schauen wir vom Hügel,
wie das Land sich müde sonnt …
Leblos steht ein Mühlen-Flügel,
wie ein Kreuz, am Horizont – –.
Ach, wie sterben die Frühlinge schnelle!

Ein Sommer, 1900

EIN SOMMER

M e i n Sommer nicht – n o c h nicht – nur eben e i n e r,
und Sommer sind verschieden, – manche, die
der Gott mit Sonnenpfeilen selber schießt,
und andre, die des Frühlings sanfteren
Charakter nie verlieren.
Solch ein Sommer
war dieser, seltenen Gewitterschlags
und vieler reiner Bläue sich erfreuend.

Ein Sommer, 1900

SOMMERNACHT IM HOCHWALD

Im Hochwald sonngesegnet
hat's lange nicht geregnet.

Doch schaffen sich die Bäume
dort ihre Regenträume.

Die Espen und die Erlen –
sie prickeln und sie perlen.

Das ist ein Sprühn und Klopfen
als wie von tausend Tropfen.

Die Lärchen und die Birken –
sie fühlen flugs es wirken.

Die Fichten und die Föhren –
sie lassen sich betören!

Der Wind weht kühl und leise.
Die Sterne stehn im Kreise.

Die Espen und die Erlen:
sie schaudern tausend Perlen …

Auf vielen Wegen, 2. Auflage 1911

AUGUSTTAG

Herbstes Ahnung, düster groß,
während noch der Sommer waltet!
Nehmt mich auf in euren Schoß,
Wolken, schmerzlich tief gefaltet!

Nach der Schwermut jenes Kommers
in Gestürmen schreit mein Wille;
denn ich liebe nicht des Sommers
tote, sattgewordne Stille.

Und aber ründet sich ein Kranz, 1902

SEPTEMBERTAG

Dies ist des Herbstes leidvoll süße Klarheit,
die dich befreit, zugleich sie dich bedrängt;
wenn das kristallene Gewand der Wahrheit
sein kühler Geist um Wald und Berge hängt.

Dies ist des Herbstes leidvoll süße Klarheit …

Und aber ründet sich ein Kranz, 1902

HERBST

Zu Golde ward die Welt;
zu lange traf
der Sonne süßer Strahl
das Blatt, den Zweig.
Nun neig
dich, Welt, hinab
in Winterschlaf.

Bald sinkt's von droben dir
in flockigen Geweben
verschleiernd zu –
und bringt dir Ruh,
o Welt,
o dir, zu Gold geliebtes Leben,
Ruh.

Ein Sommer, 1900

HERBSTABEND

Der Ofen schnauft als wie ein Hund
   im Traum.
Es fährt der Wind in seinen Schlund
   vom Raum …

von Sternen, fernen, angeglüht,
   der Wind …
Es lauscht ihm liebend mein Gemüt,
   ein Kind.

Er kommt wohl noch aus Abendluft
   daher,
in seinem Mantel hängt noch Duft
   vom Meer,

noch letztes Gold vom Sonnenrund
   am Saum …
Der Ofen schnauft als wie ein Hund
   im Traum …

Melancholie, 1906

UND ABER ründet sich der Kranz
des viergeteilten Jahres.
Die Schlange beißt sich in den Schwanz.
Und was noch ist, bald w a r es,
ein seltsam Einst.

Der Herbstwind heult; die Wolken weben tief;
die Nächte sinken jäher, dunkler nieder;
schon brämet Schnee der Berge Häupter wieder;
und lange schon der letzte Vogel rief
sein Lebewohl.

Und aber ründet sich der Kranz
des viergeteilten Jahres.
Die Schlange beißt sich in den Schwanz.
Und was noch ist, bald w a r es,
ein seltsam Einst.

Nachlese zu: Und aber ründet sich ein Kranz (1901)

LIEBE

GLEICH EINER VERSUNKENEN MELODIE

Gleich einer versunkenen Melodie
hör ich vergangene Tage
mich umklingen.
Heiß von Tränen
wird mir die Wange,
und von wehmütigen Seufzern
schluchzt mir die Brust,
an der du –
ach Du!
einst dein blondes,
erglühendes Köpfchen bargst,
o Geliebte!

Ich und die Welt, 1898

HIER IM WALD mit dir zu liegen,
moosgebettet, windumatmet,
in das Flüstern, in das Rauschen
leise liebe Worte mischend,
öfter aber noch dem Schweigen
lange Küsse zugesellend,
unerschöpflich – unersättlich,
hingegebne, hingenommne,
ineinander aufgelöste,
zeitvergeßne, weltvergeßne.
Hier im Wald mit dir zu liegen,
moosgebettet, windumatmet …

Nachlese zu: Ein Sommer (1898)

DIESE ROSE von heimlichen Küssen schwer:
Sieh, das ist unsre Liebe.
Unsre Hände reichen sie hin und her,
unsre Lippen bedecken sie mehr und mehr
mit Worten und Küssen sehnsuchtsschwer,
unsre Seelen grüßen sich hin und her –
wie über ein Meer – – wie über ein Meer – – –
Diese Rose vom Duft unsrer Seelen schwer:
Sieh, das ist unsre Liebe.

Nachlese zu: Ein Sommer (1898)

UND SOLL ich dich auch nie besitzen,
so will ich deinen Namen doch
ins Holz der Weltenesche schnitzen,
ein Zeugnis fernstem Volke noch.

So sollen tausend Herzen lesen,
die gern ein kleines Lied beglückt,
was du mir Einsamem gewesen,
wie du mich innerlichst entzückt.

Nachlese zu: Ein Sommer (1898)

DU BIST so weit oft fort.
Wo weilest du?
Dein Blick versinkt
in unbekannte Fernen.
Und ruft ein Wort
dich aus der Ruh,
so blinkt
ein fremder Schein
in deinen Augensternen.

Wo magst du, Seele, sein?
Wohin wohl eilest
mit stetem Flügelschlag
du fort von mir?
Ich bin allein.
Ich weiß nicht, wo du weilest.
Was säumest du?
O sag'!

»Vielleicht bei Dir.«

Und aber ründet sich ein Kranz, 1902

DEN LANGEN TAG bin ich dir fern gewesen,
bis nun beim abendlichen Licht
dir wiederum mein ganzes Wesen
wie eine Knospe auseinanderbricht

und Dir erduftet, Dir erblühet,
als seiner Sonne, die ihm frommt.
Des Tags Gestirn hat mir umsonst geglühet;
nun kommt die Nacht, und meine Sonne kommt.

Und aber ründet sich ein Kranz, 1902

DU BIST mein Land,
ich deine Flut,
die sehnend dich ummeeret;
Du bist der Strand,
dazu mein Blut
ohn' Ende wiederkehret.
An dich geschmiegt,
mein Spiegel wiegt
das Licht der tausend Sterne;
und leise rollt
dein Muschelgold
in meine Meergrundferne.

Und aber ründet sich ein Kranz, 1902

INMITTEN dessen, was wir uns erzählten,
mit einem Mal ein Stocken ohne Grund,
drin unsre Wesen schweigend sich erwählten.

Und dann, im selben Satze – nach Sekunden,
in denen wir uns innerlichst vermählt, –
ein Weiterplaudern, leicht und ungebunden.

Und aber ründet sich ein Kranz, 1902

»WAS DENKST du jetzt?
Ach, hinter diese Stirne
zu dringen, – wär' es, wär' es
mir gegeben!
Ein Bettler steh ich da
vor deinem Leben,
das unaufhörlich
sich in dir verschließt.
Besitz' ich dich,
wenn ewig Unbeseßnes
in deiner Brust
an mir vorüberfließt?
O allzu streng und kärglich Zugemeßnes,
was sich von Aug' und Munde nur
ergießt!
O gib mir Teil
an jenem stummen Weben!
Was denkst du jetzt?
Ach, hinter diese Stirne
zu dringen, – wär' es, war' es
mir gegeben!«

Und aber ründet sich ein Kranz, 1902

STÖR' NICHT den Schlaf der liebsten Frau, mein Licht!
Stör' ihren zarten, zarten Schlummer nicht.

Wie ist sie ferne jetzt. Und doch so nah.
Ein Flüstern – und sie wäre wieder da.

Sei still, mein Herz, sei stiller noch, mein Mund,
mit Engeln redet wohl ihr Geist zur Stund.

Wir fanden einen Pfad, 1914

HEIMAT

Nach all dem Menschenlärm und -dust
in dir, geliebtes Herz, zu ruhn,
so meine Brust an deiner Brust,
du meine Heimat nun!

Stillherrlich glänzt das Firmament
in unsrer Augen dunklen Seen,
des Lebens reine Flamme kennt
kein Werden und Vergehn.

Ein Sommer, 1900

ES IST NACHT,
und mein Herz kommt zu dir,
hält's nicht aus,
hält's nicht aus mehr bei mir.
Legt sich dir auf die Brust,
wie ein Stein,
sinkt hinein,
zu dem deinen hinein.
Dort erst,
dort erst kommt es zur Ruh,
liegt am Grund
seines ewigen Du.

Ich und du, 1911

HOCHSOMMERNACHT

Es ist schon etwas, so zu liegen,
im Aug der Allnacht bunten Plan,
so durch den Weltraum hinzufliegen
auf seiner Erde dunklem Kahn!

Die Grillen eifern mit den Quellen,
die murmelnd durch die Matten ziehn;
und droben wandern die Gesellen
in unerhörten Harmonien.

Und neben sich ein Kind zu spüren,
das sich an deine Schulter drängt,
und ihr im Kuß das Haar zu rühren,
das über hundert Sterne hängt ...

Es ist schon etwas, so zu reisen
im Angesicht der Ewigkeit,
auf seinem Wandler hinzukreisen,
so unaussprechlich eins zu zweit ...

Ich und du, 1911

MORGEN UND ABEND:
STIMMUNGEN

DER MORGEN war von übersanftem Schmelz,
der harte Berg war nicht mehr Stein und Krume,
der Wald wie purpurbrauner Falter Pelz.
Und drüber quoll des Weltraums Blaue Blume
aus ewigem Kelch ihr tiefstes Ja und Amen.
Und vor dem allem stand im jungen Strahl
ein Mensch und nahm dies Heilige Morgenmahl
dir zum Gedächtnis und in deinem Namen.

Ich und du, 1911

WIE KANNST DU nur am Morgen
das Licht der Sonne borgen
und leuchten, wie sie selber schier –
und dann, nach wenig Stunden,
ist alles hingeschwunden
und graue Nacht in dir!

Vergessen ist das Gute,
das köstlich in dir ruhte,
ein Grämling, blickst du freudenleer,
verdrossen aus dem kleinen,
unendlich kleinen Deinen
auf alles um dich her.

O, halte, Herz, die Wonne,
der goldnen Morgensonne,
die dir so süßen Tag gemacht,
mit Angst und strengem Achten
hoch über trübem Trachten
doch fest bis in die Nacht!

Aus dem Nachlaß (1910)

DER ABEND

Auf braunen Sammetschuhen geht
der Abend durch das müde Land,
sein weiter Mantel wallt und weht,
und Schlummer fällt von seiner Hand.

Mit stiller Fackel steckt er nun
der Sterne treue Kerzen an.
Sei ruhig, Herz! Das Dunkel kann
dir nun kein Leid mehr tun.

Ich und die Welt, 1898

UNAUFHALTSAM
sinkt die Sonne
hinter der Berge
frierende Wände;
aber noch lange
leuchtet der Himmel
Erinnerung,
und kein Wolkengedanke
weilt auf der weiten Stirn,
der von ihr nicht
in goldnen Gluten
zeugte.

Nachlese zu: Ein Sommer (1898)

MORGENSTIMMUNG

Wenn so die Nacht die treugewölbten Hände
von ihrer Erde stillem Antlitz hebt,
und in die kühlen, duftenden Gelände
der erste Hauch des jungen Morgens bebt –

da laß uns Arm in Arm nach Osten gehen
bis vor das Tor der großen, stummen Stadt,
und Schläf' an Schläf' die junge Sonne sehen,
die uns so süßem Sein erschaffen hat.

Ich und die Welt, 1898

MAIMORGEN

So mag sich wieder blinde Nacht
zum reinsten Morgen klären,
sich Lebensglück aus Lebensmacht
in neuem Glanz gebären.

Der Nebel flieht, als ob er Ried
und Wald auf ewig flöhe,
und meine Seele ist das Lied
der Lerchen in der Höhe.

Ein Sommer, 1900

UND SO VERBLASSTE goldner Tag
nach wonnigem Verweilen;
und über allem Leben lag
ein Hauch von Abwärts-Eilen
in Grab und Tod.

Bis voll unendlich süßer Macht
sich Stern auf Stern entzündete
und am Gewölb' der hohen Nacht
den Zirkel weiter ründete
zum Morgenrot.

Und aber ründet sich ein Kranz, 1902

BERGSCHWALBEN rauschen durch die Luft,
wie wenn man über Seide streicht.
Die Täler all füllt Abendluft
und meine Brust ein scheu Vielleicht.

Ob mir noch einmal, Glück, bestimmt
ein Abglanz deiner tiefen Welt?
O Duft, der golden mich umschwimmt!
O klares Abendätherzelt!

Und aber ründet sich ein Kranz, 1902

VORABENDGLÜCK

Siehe, wie wunderlieblich der Abend lacht!
O nun singe noch, Seele, dein Lied vor Nacht!
O nun singe noch dein wunderliebliches Lied,
ehe der Tag auf rosiger Wolke von hinnen zieht!

Und aber ründet sich ein Kranz, 1902

ABENDKELCH voll Sonnenlicht,
noch einmal geneiget,
eh' des Tages Herze bricht,
und der Nacht verhüllt Gesicht
seinen Tod beschweiget!

Alles Herzwehs Abendwein,
laß dich trinken, trinken!
Glüh' dein Gold in mich hinein!
Und dann mag auch über mein
Haupt ihr Antlitz sinken.

Und aber ründet sich ein Kranz, 1902

NATUR:
BETRACHTUNGEN

VON DEN HEIMLICHEN ROSEN

Oh, wer um alle Rosen wüßte,
die rings in stillen Gärten stehn –
oh, wer um alle wüßte, müßte
wie im Rausch durchs Leben gehn.

Du brichst hinein mit rauhen Sinnen,
als wie ein Wind in einen Wald –
und wie ein Duft wehst du von hinnen,
dir selbst verwandelte Gestalt.

Oh, wer um alle Rosen wüßte,
die rings in stillen Gärten stehn –
oh, wer um alle wüßte, müßte
wie im Rausch durchs Leben gehn.

Ein Sommer, 1902

MONDSTIMMUNG

Über den weiten
schweigenden Wäldern der Welt
möcht ich gleich dir, o Mond,
großen Auges dahinziehn …
wenn die dämmrigen Wiesen
den Geist ihrer Nebel
zu dir emporwölken,
und breite Gewässer
schwärzliche Eilande
silbern umrinnen …
wenn die Dörfer sich tiefer
dem erdigen Boden schmiegen
und die steinernen Städte
mit weißeren Giebeln und Türmen
lautlos
vor deinem Angesicht schlafen.

Auf die träumende Menschheit dann
möcht ich gleich dir
großen Auges hinabschaun
und der leisen Musik
ihres flutenden Blutes
lauschen.

Ich und die Welt, 1898

WALDKONZERTE ...

Waldkonzerte! Waldwindchöre!
Düstres Solo strenger Föhre –
Tannensatz nach tiefem Schweigen –
heller Birken Mädchenreigen –

Buschgeschwätze – Gräserlieder –
Blätterskalen auf und nieder – –
wenn ich euch nur immer höre –
Waldkonzerte! Waldwindchöre!

Ein Sommer, 1902

FARBENGLÜCK

Ist nicht dies das höchste Farbenglück:
Birkenlaub in Himmelblau gewirkt?
Doch schon winkt ein graublau Felsenstück,
dunklen Efeus sprunghaft überzirkt.
Und schon sinkt mein Blick in grüne Wiesen
und in Wasser und in weißen Dunst –
und ich weiß nicht, wem von allen diesen
schenk' ich meine Gunst und meine Kunst …

Ein Sommer, 1902

DER HÜGEL

Wie wundersam ist doch ein Hügel,
der sich ans Herz der Sonne legt,
indes des Winds gehaltner Flügel
des Gipfels Gräser leicht bewegt.
Mit buntem Faltertanz durchwebt sich,
von wilden Bienen singt die Luft,
und aus der warmen Erde hebt sich
ein süßer, hingegebner Duft.

Ein Sommer, 1902

STURMNACHT

Das ist eine Nacht! eine Wacht!
Das Meer, es rauscht nicht mehr, es r o l l t …
Alle Sturmdämonen stehen im Sold
dieser Nacht.

Unheimlich weiß durch die Dämmerung
leuchtet der Strand –;
des Wolkenbruches rasendem Sprung
ächzt Fenster und Wand –.

Das ist eine Nacht! eine Schlacht!
Da wird wohl mancher Mast zu Spott …
Die Natur kennt keinen Gott
in solcher Nacht.

Nachlese zu: Ein Sommer (1900)

WILDE JAGD

Die Mähnen der Wolkenrosse
schleppen im grollenden Meer,
es jagen in fegendem Trosse
die wilden Jäger einher

Hetzen über die nassen
Täler und Berge der Flut,
gischtende Wogengassen
wühlt ihr zorniger Mut.

Knatternde Schwefelspeere
trümmern die hülflose Rah –
über dem falben Meere
rollt ein rasend Hussah!

Nachlese zu: Ein Sommer (1898)

BUTTERBLUMENGELBE Wiesen,
sauerampferrot getönt –
o du überreiches Sprießen,
wie das Aug' dich nie gewöhnt!

Wohlgesangdurchschwellte Bäume,
wunderblütenschneebereift –
ja, fürwahr, ihr zeigt uns Träume,
wie die Brust sie kaum begreift.

Und aber ründet sich ein Kranz, 1902

WELCH EIN Schweigen, welch ein Frieden
in dem stillen Alpentale.
Laute Welt ruht abgeschieden.
Silbern schwankt des Mondes Schale.

Von den Wiesen strömt ein Düften.
Aus den Wäldern lugt das Dunkel.
Brausend aus geheimen Klüften
bricht der Bäche fahl Gefunkel.

Überm Saum der letzten Bäume
weiße Wände stehn und steigen
in die blauen Sternenräume.
Welch ein Frieden, welch ein Schweigen!

Und aber ründet sich ein Kranz, 1902

NEBELGEWÖLKE, den Berg entlang
schleppend die schweren Gewebe,
vor des Tälerwinds Morgengang
flüchtend in lässiger Schwebe,

lösend sich langsam von Wald und Fluh,
letzte Zinnen umschließend,
wallend unendlichen Bläuen zu,
sonnegeküßt zerfließend.

Und aber ründet sich ein Kranz, 1902

BERGBÄCHE

Tag und Nacht die nasse Fracht
trägt der steile Sturzbach nieder.
Rings im Hochland hundert Brüder
stürzen gleich ihm, Tag und Nacht.

Schlafgemiedne Seelen ruhn
gern am Busen solcher Bäche,
ihre Unrast, ihre Schwäche
dort ein Weilchen abzutun.

Strömen gleichsam mit zu Tal …
Und nach stundenlangem Fließen
löst ein Schlummer sie zu Füßen
des Gebirgs von aller Qual.

Nachlese zu: Wir fanden einen Pfad (1912)

HOCHLANDSCHWEIGEN

Stille, Stille … nur des Baches
fernes Rauschen in der Kluft
und des Abendwindes schwaches
Flügeln durch die helle Luft …

Wettertanne ruht und feiert …
Gipfelgold vergeistert sacht …
Und ein zart Gewölk entschleiert
zögernd das Gestirn der Nacht.

Aus dem Nachlaß (1910)

HUMORISTISCHES

BUNDESLIED DER GALGENBRÜDER

O schauerliche Lebenswirrn,
wir hängen hier am roten Zwirn!
Die Unke unkt, die Spinne spinnt,
und schiefe Scheitel kämmt der Wind.

O Greule, Greule, wüste Greule!
Du bist verflucht! so sagt die Eule.
Der Sterne Licht am Mond zerbricht.
Doch dich zerbrach's noch immer nicht.

O Greule, Greule, wüste Greule!
Hört ihr den Huf der Silbergäule?
Es schreit der Kauz: pardauz! pardauz!
da taut's, da graut's, da braut's, da blaut's!

Galgenlieder, 1905

DAS MONDSCHAF

Das Mondschaf steht auf weiter Flur.
Es harrt und harrt der großen Schur.
    Das Mondschaf.

Das Mondschaf rupft sich einen Halm
und geht dann heim auf seine Alm.
    Das Mondschaf.

Das Mondschaf spricht zu sich im Traum:
»Ich bin des Weltalls dunkler Raum.«
    Das Mondschaf.

Das Mondschaf liegt am Morgen tot.
Sein Leib ist weiß, die Sonn' ist rot.
    Das Mondschaf.

Galgenlieder, 1905

DER ZWÖLF-ELF

Der Zwölf-Elf hebt die linke Hand:
Da schlägt es Mitternacht im Land.

Es lauscht der Teich mit offnem Mund.
Ganz leise heult der Schluchtenhund.

Die Dommel reckt sich auf im Rohr.
Der Moosfrosch lugt aus seinem Moor.

Der Schneck horcht auf in seinem Haus.
desgleichen die Kartoffelmaus.

Das Irrlicht selbst macht Halt und Rast
auf einem windgebrochnen Ast.

Sophie, die Maid, hat ein Gesicht:
Das Mondschaf geht zum Hochgericht.

Die Galgenbrüder wehn im Wind.
Im fernen Dorfe schreit ein Kind.

Zwei Maulwürf küssen sich zur Stund
als Neuvermählte auf den Mund.

Hingegen tief im finstern Wald
ein Nachtmahr seine Fäuste ballt:

Dieweil ein später Wanderstrumpf
sich nicht verlief in Teich und Sumpf.

Der Rabe Ralf ruft schaurig: »Kra!
Das End ist da! Das End ist da!«

Der Zwölf-Elf senkt die linke Hand:
Und wieder schläft das ganze Land.

Galgenlieder, 1905

FISCHES NACHTGESANG

ˉ

˘ ˘
ˉ ˉ ˉ

˘ ˘ ˘ ˘
ˉ ˉ ˉ

˘ ˘ ˘ ˘
ˉ ˉ ˉ

˘ ˘ ˘ ˘
ˉ ˉ ˉ

˘ ˘ ˘ ˘
ˉ ˉ ˉ

˘ ˘
ˉ

Galgenlieder, 1905

DIE TRICHTER

Zwei Trichter wandeln durch die Nacht.
Durch ihres Rumpfs verengten Schacht
fließt weißes Mondlicht
still und heiter
auf ihren
Waldweg
u. s.
w.

Galgenlieder, 1905

DIE LAMPE

Es steht eine Lampe am weiten Meer.
Wo kommt denn die Lampe, die Lampe her?

Sie trägt ein Reformhemd aus grünem Tang
und steht auf der Insel Fragnichtlang.

Die Lampe, die Lampe, die Lampe, weh,
sie kommt aus der Werweißwosisee!

Da liegt ein Schiff ganz unten kaputt,
und aus seinen Fenstern schaun Molch und Butt.

Die Wellen, die Wellen, die haben sie geschwemmt:
Jetzt träumt sie, den Fuß auf die Küste gestemmt,

in ihrem Reformkleid aus grünem Tang …
Und im Hintergrund, da liegt – Fragnichtlang.

Galgenlieder, 1905

DAS ÄSTHETISCHE WIESEL

Ein Wiesel
saß auf einem Kiesel
inmitten Bachgeriesel.

Wißt ihr,
weshalb?

Das Mondkalb
verriet es mir
im Stillen:

Das raffinier-
te Tier
tat's um des Reimes willen.

Galgenlieder, 1905

UNTER ZEITEN

Das Perfekt und das Imperfekt
    tranken Sekt.
Sie stießen aufs Futurum an
(was man wohl gelten lassen kann).

Plusquamper und Exaktfutur
    blinzten nur.

Galgenlieder, 1905

DIE BEIDEN ESEL

Ein finstrer Esel sprach einmal
zu seinem ehlichen Gemahl:

»Ich bin so dumm, du bist so dumm,
wir wollen sterben gehen, kumm!«

Doch wie es kommt so öfter eben:
Die beiden blieben fröhlich leben.

Galgenlieder, 1905

DER WERWOLF

Ein Werwolf eines Nachts entwich
von Weib und Kind, und sich begab
an eines Dorfschullehrers Grab
und bat ihn: »Bitte, beuge mich!«

Der Dorfschulmeister stieg hinauf
auf seines Blechschilds Messingknauf
und sprach zum Wolf, der seine Pfoten
geduldig kreuzte vor dem Toten:

»Der Werwolf«, – sprach der gute Mann,
»des Weswolfs, Genitiv sodann,
dem Wemwolf, Dativ, wie man's nennt,
den Wenwolf, – damit hat's ein End'.«

Dem Werwolf schmeichelten die Fälle,
er rollte seine Augenbälle.
»Indessen«, bat er, »füge doch
zur Einzahl auch die Mehrzahl noch!«

Der Dorfschulmeister aber mußte
gestehn, daß er von ihr nichts wußte.
Zwar Wölfe gäb's in großer Schar,
doch »Wer« gäb's nur im Singular.

Der Wolf erhob sich tränenblind –
er hatte ja doch Weib und Kind!!
Doch da er kein Gelehrter eben,
so schied er dankend und ergeben.

Galgenlieder, 1905

DER NACHTSCHELM UND DAS SIEBENSCHWEIN ODER EINE GLÜCKLICHE EHE

Der Nachtschelm und das Siebenschwein,
die gingen eine Ehe ein,
    o wehe!
Sie hatten dreizehn Kinder, und
davon war eins der Schluchtenhund,
zwei andre waren Rehe.

Das vierte war die Rabenmaus,
das fünfte war ein Schneck samt Haus,
    o Wunder!
Das sechste war ein Käuzelein,
das siebte war ein Siebenschwein
und lebte in Burgunder.

Acht war ein Gürteltier nebst Gurt,
neun starb sofort nach der Geburt,
    o wehe!
Von zehn bis dreizehn ist nicht klar; –
doch wie dem auch gewesen war,
es war eine glückliche Ehe!

Galgenlieder, 1905

DAS BÖHMISCHE DORF

Palmström reist, mit einem Herrn v. Korf,
in ein sogenanntes Böhmisches Dorf.

Unverständlich bleibt ihm alles dort,
von dem ersten bis zum letzten Wort.

Auch v. Korf (der nur des Reimes wegen
ihn begleitet) ist um Rat verlegen.

Doch just dieses macht ihn blaß vor Glück.
Tiefentzückt kehrt unser Freund zurück.

Und er schreibt in seine Wochenchronik:
Wieder ein Erlebnis, voll von Honig!

Palmström, 1910

PALMSTRÖM

Palmström steht an einem Teiche
und entfaltet groß ein rotes Taschentuch:
Auf dem Tuch ist eine Eiche
dargestellt, sowie ein Mensch mit einem Buch.

Palmström wagt nicht sich hineinzuschneuzen, –
er gehört zu jenen Käuzen,
die oft unvermittelt-nackt
Ehrfurcht vor dem Schönen packt.

Zärtlich faltet er zusammen,
was er eben erst entbreitet.
Und kein Fühlender wird ihn verdammen,
weil er ungeschneuzt entschreitet.

Palmström, 1910

PALMSTRÖMS UHR

Palmströms Uhr ist andrer Art,
reagiert mimosisch zart.

Wer sie bittet, wird empfangen.
Oft schon ist sie so gegangen,

wie man herzlich sie gebeten,
ist zurück – und vorgetreten,

eine Stunde, zwei, drei Stunden,
jenachdem sie mitempfunden.

Selbst als Uhr, mit ihren Zeiten,
will sie nicht Prinzipien reiten:

Zwar ein Werk, wie allerwärts,
doch zugleich ein Werk – mit Herz.

Palmström, 1910

DIE KORFSCHE UHR

Korf erfindet eine Uhr,
die mit zwei Paar Zeigern kreist
und damit nach vorn nicht nur,
sondern auch nach rückwärts weist.

Zeigt sie zwei, – somit auch zehn;
zeigt sie drei, – somit auch neun;
und man braucht nur hinzusehn,
um die Zeit nicht mehr zu scheun.

Denn auf dieser Uhr von Korfen,
mit dem janushaften Lauf,
(dazu ward sie so entworfen):
hebt die Zeit sich selber auf.

Palmström, 1910

GEFUNDENER PFAD

NUN WOHNE DU darin,
in diesem leeren Hause,
aus dem der Welt Gebrause
herausfloh und dahin.

Was ist nun noch mein Sinn, –
als daß auf eine Pause
ich einzig DEINE Klause,
mein Grund und Ursprung bin!

Wir fanden einen Pfad, 1914

DULDE, trage.
Bessere Tage
werden kommen.
Alles muß frommen
denen, die fest sind.
Herz, altes Kind,
dulde, trage.

Melancholie, 1906

I

SIEH NICHT, was andre tun,
der andern sind so viel,
du kommst nur in ein Spiel,
das nimmermehr wird ruhn.

Geh einfach Gottes Pfad,
laß nichts sonst Führer sein,
so gehst du recht und grad,
und gingst du ganz allein.

Wir fanden einen Pfad, 1914

II

VERLANGE nichts von irgendwem,
laß jedermann sein Wesen,
du bist von irgendwelcher Fem
zum Richter nicht erlesen.

Tu still dein Werk und gib der Welt
allein von deinem Frieden,
und hab dein Sach auf nichts gestellt
und niemanden hienieden.

Wir fanden einen Pfad, 1914

AN DEN ANDERN

Ich hatte mich im Hochgebirg verstiegen.
Die Felsenwelt um mich, sie war wohl schön;
doch konnt ich keinen Ausgang mir ersiegen,
noch einen Aufgang nach den lichten Höhn.

Da traf ich dich, in ärgster Not: den andern!
Mit dir vereint, gewann ich frischen Mut.
Von neuem hob ich an, mit dir, zu wandern,
und siehe da: Das Schicksal war uns gut.

Wir fanden einen Pfad, der klar und einsam
empor sich zog, bis, wo ein Tempel stand.
Der Steig war steil, doch wagten wir's gemeinsam …
Und heut noch helfen wir uns, Hand in Hand.

Mag sein, wir stehn an unsres Lebens Ende
noch unterm Ziel, – genug, der Weg ist klar!
Daß wir uns trafen, war die große Wende.
Aus zwei Verirrten ward ein wissend Paar.

Wir fanden einen Pfad, 1914

ICH HABE DEN MENSCHEN gesehn in seiner tiefsten
Gestalt,
ich kenne die Welt bis auf den Grundgehalt.

Ich weiß, daß Liebe, Liebe ihr tiefster Sinn,
und daß ich da, um immer mehr zu lieben, bin.

Ich breite die Arme aus, wie ER getan,
ich möchte die ganze Welt, wie ER, umfahn.

Wir fanden einen Pfad, 1914

WER VOM ZIEL nicht weiß,
kann den Weg nicht haben,
wird im selben Kreis
all sein Leben traben;
kommt am Ende hin,
wo er hergerückt,
hat der Menge Sinn
nur noch mehr zerstückt.

Wer vom Ziel nichts kennt,
kann's doch heut erfahren;
wenn es ihn nur brennt
nach dem Göttlich-Wahren;
wenn in Eitelkeit
er nicht ganz versunken
und vom Wein der Zeit
nicht bis oben trunken.

Denn zu fragen ist
nach den stillen Dingen,
und zu wagen ist,
will man Licht erringen;
wer nicht suchen kann,
wie nur je ein Freier,
bleibt im Trugesbann
siebenfacher Schleier.

Wir fanden einen Pfad, 1914

DER KRANKE:

»Oft zu sterben wünsche ich mir …
Und wie dankbar bin ich doch,
daß ich leb' und leide noch
im gesetzten Nun und Hier.

Bleibt mir doch damit noch Zeit,
abzubauen manch Gebrest,
komm ich nimmer auch zum Rest,
werd ich besser doch bereit.

Wenn ich jetzt nicht wirken kann,
helf ich also doch dem Mir,
das dereinst nach Nun und Hier
wirken wird im Dort und Dann.«

Wir fanden einen Pfad, 1914

DIE FUSSWASCHUNG

Ich danke dir, du stummer Stein,
und neige mich zu dir hernieder:
Ich schulde dir mein Pflanzensein,

Ich danke euch, ihr Grund und Flor,
und bücke mich zu euch hernieder:
Ihr halft zum Tiere mir empor.

Ich danke euch, Stein, Kraut und Tier,
und beuge mich zu euch hernieder:
Ihr halft mir alle drei zu Mir.

Wir danken dir, du Menschenkind,
und lassen fromm uns vor dir nieder:
weil dadurch, daß du bist, wir sind.

Es dankt aus aller Gottheit Ein-
und aller Gottheit Vielfalt wieder.
In Dank verschlingt sich alles Sein.

Wir fanden einen Pfad, 1914

FASS ES, was sich dir enthüllt!
Ahne dich hinan zur Sonne!
Ahne, welche Schöpfer-Wonne
jedes Wesen dort erfüllt!

Klimm empor dann dieser Geister
Stufen bis zur höchsten Schar!
Und dann endlich nimm ihn wahr:
Aller dieser Geister Meister!

Und dann komm mit Ihm herab!
Unter Menschen und Dämonen
komm mit Ihm, den Leib bewohnen,
den ein Mensch Ihm fromm ergab.

Faßt ein Herz des Opfers Größe?
Mißt ein Geist dies Opfer ganz? –
Wie ein Gott des Himmels Glanz
tauscht um Menschennot und -blöße!

Wir fanden einen Pfad, 1914

HYMNE

Wie in lauter Helligkeit
fließen wir nach allen Seiten …
Erdenbreiten, Erdenzeiten
schwinden ewigkeitenweit …

Wie ein Atmen ganz im Licht
ist es, wie ein schimmernd Schweben …
Himmels-Licht – in Deinem Leben
lebten je wir, je wir – nicht?

Konnten fern von Dir verziehen,
flohen Dich, verbannt, verdammt?
Doch in Deine Harmonien
kehren heim, die Dir entstammt.

Wir fanden einen Pfad, 1914

ICH BIN mir selbst ein unbekanntes Land
und jedes Jahr entdeck ich neue Stege.
Bald wandr' ich hin durch meilenweiten Sand
und bald durch blütenquellende Gehege.
So oft mein Ziel im Dunkeln mir entschwand
verriet ein neuer Stern mir neue Wege.

Aus dem Nachlaß (1894)

NIEMANDEN hassen,
jeden belassen
in seinem Wesen,
in jedem lesen
die e w i g e Meinung,
das macht genesen
zum Allumfassen,
zur Allvereinung.

Aus dem Nachlaß (1910)

»BRÜDER« – LIED FÜR EIN NEUES GESANGBUCH STUDIERENDER JUGEND

»Brüder!« – Hört das Wort!
Soll's ein Wort nur bleiben?
Soll's nicht Früchte treiben
    fort und fort?

Oft erscholl der Schwur!
Ward auch oft gehalten –
doch in engem, alten
    Sinne nur.

Oh, sein neuer Sinn!
Lernt ihn doch erkennen!
Laßt doch heiß ihn brennen
    durch euch hin!

Allen Bruder sein!
Allen helfen, dienen!
Ist, seit ER erschienen,
    Ziel allein!

Auch dem Bösewicht,
der uns widerstrebet!
Er auch ward gewebet
   einst aus Licht.

»Liebt das Böse – gut!«
lehren tiefe Seelen.
Lernt am Hasse stählen –
   Liebesmut!

»Brüder!« – Hört das Wort!
Daß es Wahrheit werde –
und dereinst die Erde
   Gottes Ort!

Wir fanden einen Pfad, 1914

NACHWORT

Christian Morgensterns Lebenszeit deckt sich genau mit der langen Friedensepoche um die Jahrhundertwende: Nach dem Deutsch-Französischen Krieg 1871 wurde er geboren und kurz vor Ausbruch des Ersten Weltkriegs 1914 ist er gestorben. Er wird hauptsächlich als Dichter der Galgenlieder geschätzt; dass er aber insgesamt zwölf Gedichtbände publiziert hat, ist wenig bekannt. Sein Schaffen reicht von jugendlich-revoltierenden Gedichtzyklen über Großstadtlyrik, Natur- und Liebesdichtungen bis hin zu mystischen Liedern und esoterischen Meditationsversen.

Die Galgenlieder und die Gedichtsammlung zum kauzigen Palmström stehen als humoristische Produkte nicht separat, sondern ergänzen die sogenannten ernsten Werke. Morgenstern definierte den Humor als »die höchste, aber auch die schwerste aller Weltbetrachtungen; denn er lehrt uns, das tiefste Leid und Elend nur als eine Phase aufzufassen, die, aus dem Zusammenhang des Weltlebens gerissen, für sich allein keine absolute Beurteilung gestattet«. Den schönsten Ausdruck der Gleichzeitigkeit von Humor und Ernst, die Erscheinung einer heiligen Heiterkeit bildet der feinsinnige Palmström (S. 114 ff.), der – zusammen mit seinen Kumpanen Korf und Palma Kunkel – 1910 in der gleichnamigen Sammlung geboren wurde.

Der vom Verlag gewählte Titel für diese Anthologie zum 150. Geburtstag des Dichters nimmt den Werktitel von Christian Morgensterns drittem Gedichtband auf. 1898 publizierte Morgenstern seine Sammlung *Ich und die Welt*, die in ihrer Selbstbezeichnung den prometheischen Übermut des Poeten widerspiegelte. Hier pulsierte noch ein nietzscheanischer Solipsismus, der die Aufbruchsstimmung der Jugend des Fin de siècle prägte: »Ich trage die Welt / in meinem Schoß, / ich bin ja selber die Welt, […] das ganze Weltall / bin ich allein, / und nichts ist außer mir!« (S. 25) Mit der Jahrhundertwende und den Bändchen *Ein Sommer* (1900) sowie *Und aber rundet sich ein Kranz* (1902) verlagerten sich Ton und Perspektive mehr zu Naturbetrachtung und Innensicht. 1905 hatte Morgenstern mystische Erlebnisse, er entdeckte das Johannesevangelium und wendete sich 1909 der Anthroposophie zu. Er hatte überall um sich herum das ›Du‹ entdeckt (S. 29, 60, 65, 120, 124, 129) und einen Pfad gefunden, auf dem nicht mehr das Ich an erster Stelle stand, sondern es ging nun um *Die Welt und ich* – wie deshalb die vorliegende Gedichtauswahl passend überschrieben ist.

Obwohl Morgenstern seinen frühen Lehrmeister Friedrich Nietzsche Schritt für Schritt überdacht hatte, blieb er dessen Treue zur Erde auch als Mystiker verbunden und forderte im Sinne des Herrenworts Lukas 17,20-21 eine Religion des Hier und Jetzt: »Was es gilt, ist die Austreibung Gottes aus allem Jenseits in das Diesseits. Gott ist nicht irgendwo, er ist auch nicht hier oder dort, sondern er ist dies und das, und drittes und legionstes.« (Tagebuch 1906) Dieser Monismus der Gegenwart des Reiches Gottes zieht sich wie ein roter Faden durch Morgensterns Schaffen, von den frühen philosophischen Gedichten über die Großstadt- und Naturlyrik bis hin zur späten geistlichen Dichtung.

In der öffentlichen Rezeption hat man Morgensterns Schaffen nach der Begegnung mit Mystik und Evangelium und vor allem nach seiner Hinwendung zur Anthroposophie bisweilen als ›Weltanschauungslyrik‹ abgetan. Aber seine späten Gedichte sind nicht bloß Poesie gewordene Anthroposophie, sondern Werke eines eigenständigen Geistsuchers, die Rudolf Steiners Anthroposophie ein neues Kleid zur Verfügung stellen; das zeigt sich etwa im Gedicht »Fußwaschung« (S. 129), das die erste Stufe des von Steiner beschriebenen christlichen Einweihungswegs in genuine Verse fasst. Der vielleicht höchste Ausdruck von

Morgensterns vergeistigtem Dichten findet sich in seinem Lied »Brüder!« (S. 134f.), das er für ein neues Studentengesangbuch verfasst hatte. Ein Lied, das in seinen Schlussversen bis zum Himmlischen Jerusalem blickt. Morgensterns spirituelle Selbstständigkeit zeigt sich auch daran, dass nicht nur Morgenstern Steiner entdeckt, sondern Steiner auch Morgenstern entdeckt hat: Wieviel Steiner dem verstorbenen Dichter verdankte, berichtete er in seinen Gedenkansprachen, wo er sagte, es gehöre zum Tiefsten und Bedeutsamsten, was er in den geistigen Welten erleben durfte, mit Christian Morgenstern nach dessen Tod zusammen gewesen zu sein. Alles, was Steiner in den geistigen Welten gesucht habe, das habe er nun ausgebreitet gefunden über dem Felde der höheren Welten wie in einem künstlerischen Gemälde, verwoben in Christian Morgensterns geistigem Kleide.

Christian Morgenstern hat zeitlebens daran gelitten, dass ihm große, zusammenhängende Prosa, ein Roman nicht gelingen wollte und dass er offenbar zur ›kleinen Form‹ bestimmt war. Sein Vater und seine Vorväter waren Maler, die Landschaften in ausladenden Panoramen dargestellt hatten, und er sollte nun mit einfachen Gedichten antreten? – Aber gerade an Christian Morgenstern zeigt sich die Relativität des Begriffs »Größe«: In seinen ›kleinen‹ Gedichten kann er »die ganze Welt umfahn« (S. 125), seine Liebe ist »groß wie die weite Welt« (S. 24), er wird zum Allumfassenden, Allvereinenden (S. 133). Findet sich hier in der kleinen Form nicht mehr Größe als in manchen vielhundertseitigen Romanen seiner Zeitgenossen, die oft selbstverliebt bloß ihre kleine Welt – etwa die des Verfalls ihrer eigenen Familie – beschreiben?

Die vorliegende Anthologie gibt Zeugnis von der Größe dieses Kleinmeisters. Die thematische Zusammenstellung erlaubt einen ausgewählten Zugang zu diesem reichen Lyrikschatz und zeigt uns den Sprachwitz des Humoristen und das große Herz des Liebenden ebenso wie die Sensibilität für die Offenbarungen der Natur und schließlich seine mutige Introspektion in seine geistsuchende Seele.

David Marc Hoffmann

BILDNACHWEIS

Umschlagabbildung »Vom Bäume Pflanzen«, 2013
S. 6   »Abendvorstellung«, 1999
S. 8   »Nachtmusik«, 2017
S. 20 »Sofies Welt – Reprise«, 1999
S. 38 »Sommertag«, 2005
S. 51 »Blätter im Herbst«, 2017
S. 52 »Ohne Titel, Covermotiv zu: Theodor Fontane,
       Wanderungen durch die Mark Brandenburg«, 1994.
S. 67 »Ohne Titel, Covermotiv zu: Theodor Fontane, *Grete
       Minde*«, 1996.
S. 68 »Hotel Allegria«, 2008
S. 80 »Am Wasser (II.)«, 2020
S. 83 »Bild einer Rose«, 2020
S. 96 »Mann und Esel«, 2006
S. 102 »Ohne Titel«, 1992
S. 113 »Mann auf dem Seil«, 1985
S. 118 »Giacomo's Dance (2)«, 1984
S. 136 »Ohne Titel, Covermotiv zu: Gila Almagor,
       Auf dem Hügel unter dem Maulbeerbaum«, 1994
S. 142 »Fenster und Fluss«, 2019

Sämtliche Bilder: © 2021 Quint Buchholz / Carl Hanser
Verlag GmbH & Co. KG, München